COMPTE DEMANDÉ

A

M. ODILON-BARROT ET A L'OPPOSITION,

EN RÉPONSE A LEUR

COMPTE RENDU;

PAR

M. ROSSEEUW-S.-HILAIRE.

PRIX : 1 fr, 50 c.

PARIS,

CHEZ MOUTARDIER, LIBRAIRE-ÉDITEUR,

RUE GIT-LE-COEUR, N° 4.

ET CHEZ LES PRINCIPAUX LIBRAIRES.

—

1832.

COMPTE DEMANDÉ

A M. ODILON-BARROT ET A L'OPPOSITION,

EN RÉPONSE

A LEUR COMPTE RENDU.

Paris, 29 juin 1832.

MONSIEUR,

Dans des circonstances moins graves que celles où nous nous trouvons, un opuscule échappé à votre plume, et contenant, comme votre lettre à M. N. Kœchlin, la profession de foi complète et officielle de l'opposition, eût été à lui seul un événement; c'était là, dans des temps plus heureux, de quoi faire vivre trois mois presse, tribune et journaux, sans compter les sociétés populaires! Malheureusement un de ces graves événements que la fortune jette en travers des prévisions du sage est venu étouffer le retentissement de votre écrit, quand vous vous êtes enfin décidé à le faire paraître; contemporain pour son malheur d'un *Compte rendu* destiné à plus de célébrité encore. Précédant dans votre pensée un manifeste qu'aux yeux du public il a le tort de suivre, la date du plaidoyer a fait tort à la cause qu'il devait défendre; l'esprit de parti s'est emparé avec empressement des armes que lui fournissait le *Compte rendu*, et votre lettre, avec ses assertions plus graves et plus calmes, propres à soulever, un mois plutôt de si utiles controverses, a disparu devant ces questions toutes palpitantes d'un intérêt plus pressant encore.

Cette controverse, Monsieur, n'est-il pas encore temps de la reprendre, aujourd'hui que la préoccupation des esprits à un peu cessé, et que les questions gouvernementales ne se traitent plus dans la rue et à coups de pavés? Permettez-moi donc, à l'aide de la publicité qui s'attache d'elle-même à votre nom, d'essuyer de rappeler cette capricieuse attention publique sur un sujet qui est toujours de circonstance, je veux dire le système de gouvernement qui convient à la France; je ne parle pas de la forme, car vous et moi nous sommes sur ce sujet parfaitement d'accord. Vous n'avez pas, je m'en aperçois à la date de votre lettre, sinon à celle de sa publication, attendu que la république fût battue sur la place publique pour la désavouer dans votre brochure. En mettant ainsi mon nom ignoré à l'ombre du vôtre, j'ai du moins quelques chances d'être lu : c'est plus que je n'aurais pu espérer sans cela. Force sera d'ailleurs de croire à une conviction qui se prend à un si redoutable adversaire. En politique on se fait rarement le Séide d'une opinion que l'on n'a pas.

Votre lettre commence, comme le *Compte rendu*, par une série de distinctions : c'est un des caractères de l'école doctrinaire à laquelle vous appartenez, du moins par la forme, quelles que soient les opinions qui vous en séparent. Car il y a des doctrinaires dans les rangs de l'opposition comme il y en a dans ceux de la république; ne vous en offensez pas, Monsieur. Les doctrinaires d'un parti sont presque toujours les hommes de ce parti qui ont le plus de talent ; ils font on ne peut pas mieux les affaires des hommes plus ardents qui les exploitent et qui les poussent.

A votre premier coup-d'œil sur la scène politique, vous ne voyez en présence l'une de l'autre que deux opinions. Deux ! c'est bien modeste ! Car dans chacune de ces deux opinions j'aperçois deux nuances qui se tranchent de plus en plus : deux extrêmes qui s'éloignent, et deux milieux qui se rapprochent. L'opinion modérée tend chaque jour davantage à se scinder en deux, et l'opposition constitutionnelle commence à se lasser du joug de l'opposition extra-parlementaire, et à s'alarmer de ses intentions ! Ah ! si vous aviez voulu, monsieur, lors d'une certaine assemblée !..... Mais nous en reparlerons à propos du *Compte rendu*.

Pressé d'arriver à la partie positive de votre brochure, vous me permettrez de sauter à pieds joints par-dessus toutes vos distinctions. J'ai hâte de laisser là la partie négative et critique pour prendre à mon tour l'offensive, pour jouer ce rôle doctoral et commode dont l'opposition s'est emparé depuis deux ans, pour l'amener enfin à répondre comme le perroquet de la fable :

Messieurs, je siffle bien, mais je ne chante pas.

Un mot toutefois sur une de ces classifications de parti dont vous êtes si prodigue : pressé sans doute d'écarter par un éclatant désaveu tout soupçon de complicité avec des opinions que nul ne vous soupçonne de partager, vous enveloppez dans une commune réprobation tous les partis qui ne trouvent de remède à notre situation que dans une révolution, c'est-à-dire les républicains et les napoléonistes. Ici ,

il faut le dire, Monsieur, vous vous exécutez franchement; vous fulminez contre eux un éloquent anathème avec lequel je sympathise de grand cœur. Permettez-moi seulement de témoigner mes regrets que
cet anathème n'ait pas été placé par vous dans le compte
rendu, ou dans la discussion qui l'a précédé : il y eût
fait si bon effet, il eût trouvé tant de sympathie dans
les rangs de cette opposition si franchement attachée
à l'ordre des choses qui nous régit, alors même qu'elle
en combat le système de gouvernement! Mais n'empié-
tons pas sur ce sujet. Il me suffit pour le moment de
prendre acte de la noble chaleur avec laquelle vous ré-
pudiez ce parti. Vous ne pouvez supporter, dites-vous,
d'être mal jugé par vos amis. Eh ! de grâce, Monsieur,
pourquoi ne mettez-vous pas toujours aussi à l'aise ceux
qui sympathisent avec votre beau talent? Une pareille
profession de foi, quelques jours plus tôt..... Ah ! M.
Kœchlin, pour la France et pour votre ami, vous auriez bien dû ne pas garder sa lettre si long-temps dans
votre portefeuille !

Mais enfin nous voici arrivés, non sans digressions,
à la partie positive de votre brochure. Je voudrais
bien suivre une méthode rigoureuse; mais vous avez
pensé, sans doute, qu'une lettre n'exigeait pas la ri-
gueur de méthode d'un traité de philosophie; car il
m'a été assez difficile de deviner le plan de votre marche un peu capricieuse. Ainsi, après une excursion assez
longue sur les bases de notre gouvernement et sur la
pairie, vous abordez la question étrangère, pour revenir ensuite à la question intérieure, et nous donner
enfin votre programme, moins introuvable que celui

de l'Hôtel-de-Ville, où vous avez sans doute puisé vos inspirations.

Je vous ferai bon marché de la question étrangère : d'abord, après que l'on a, passez-moi l'expression, piétiné dessus pendant toute une session, elle ne laisse pas que d'être un peu usée; et puis, nous autres partisans de la modération, nous autres rétrogrades arriérés, philippistes, négociantistes, épiciers, etc., peu importe le nom dont on veut bien nous honorer, nous ne sommes pas encore tellement morts à toute sympathie généreuse, tellement dépourvus de toute fibre patriotique, que notre cœur ne se soit permis de battre quelquefois pour des libertés sœurs de la nôtre, et que nous voyions périr à nos portes. En dépit de la consigne ministérielle, nous nous sommes permis d'avoir des larmes pour l'héroïque Pologne, et des sympathies au moins pour la pauvre Italie; ce n'est qu'en frémissant que nous nous sommes courbés comme vous sous le joug d'impossibilités que nous n'avons pas faites plus que vous. Je vous abandonne donc la politique extérieure, sans admettre, certes, toutes vos attaques, sans partager toutes vos inquiètes velléités de propagande. Mais, j'en conviendrai franchement et de grand cœur, j'aurais voulu, comme vous, dans les divers ministères qui se sont succédé aux affaires, plus de fermeté au dehors, une France plus grande, plus puissante, plus respectée à l'étranger; oui, mon cœur a saigné plus d'une fois; oui, mon front même a rougi comme le vôtre en entendant parler de concessions faites à l'étranger, et de ces honteuses complaisances que la France de juillet ne devait plus connaître ! Malheureusement l'homme en qui vivait le système du 13 mars, préoccupé sans cesse de la nécessité d'établir l'ordre à l'intérieur, n'a pu faire prévaloir à l'extérieur cette pensée de force qui le dominait, et faire la France aussi puissante et aussi fière qu'il l'aurait voulu en face de l'étranger. Permettez-moi de le dire, Monsieur, si vous-même, si l'opposition, tout en réclamant avec raison cette fermeté au dehors, aviez moins blâmé sa fermeté au dedans; si vous aviez protesté plus haut et plus fort contre l'émeute, palliée alors sous le nom de désordre, et qui se pare aujourd'hui de celui d'insurrection; si vous n'aviez pas eu tant d'indulgentes excuses pour des imprudents, égarés, nous disiez-vous, plus encore que coupables, la malheureuse Pologne existerait peut-être encore, la Romagne serait affranchie, la Belgique évacuée; la France unie et puissante parlerait plus haut et plus fort, d'une voix mieux écoutée au conseil des rois. Je vois là-dedans, à bien dire, des torts pour tout le monde; que chacun prenne les siens et pardonne à autrui ce qu'il a grand besoin de se faire pardonner à lui-même.

Mais nous voici enfin arrivés à l'exposition tant attendue de votre système : examinons en détail la machine gouvernementale telle que vous la comprenez, sans doute en vous réservant le soin de la faire mouvoir vous-même; car je doute qu'un autre pût se reconnaître au milieu de ces rouages un peu confus. Vous voulez, dites-vous, rattacher notre révolution de juillet à notre grande révolution de 89. Rien n'est mieux; mais expliquons-nous d'abord, crainte de mal-

entendu sur l'esprit et la pensée de cette vaste révolution. Quel a été le but de 89? Affranchir les classes
moyennes du double joug des classes supérieures et du
clergé, et faire redescendre celles-ci jusqu'à cette
égalité qui était pour elles un supplice. Car, remar-
quons-le bien, ce n'est pas d'abord contre la monarchie que fut dirigée l'impulsion populaire; ce fut contre le privilége, mot odieux que 89 a banni sans retour de notre langue. C'est donc, il faut le dire, au
profit des classes moyennes que fut consommée notre
première révolution; quant aux autres, dégradées par
quatorze siècles de despotisme, elles n'étaient mûres
encore ni pour la liberté, ni pour l'égalité; 93 vous
l'a prouvé. La candidature brutale des classes populaires au pouvoir n'a certes pas montré qu'elles fus-
sent bien aptes à l'exercer, et cette liberté sanglante
dont le nom en décorait tous les actes a fini par leur
échapper avec lui.

La révolution ainsi viciée dans son but et détournée
dans son cours, le pouvoir descendu là où il ne pouvait pas rester, force a été à la France de repasser par
les phases violentes et inévitables de l'anarchie et du
despotisme; et 1830, lorsqu'il est venu non moins
nécessaire, non moins inévitable, a eu à poursuivre
et à compléter l'œuvre interrompue de 89. Le but de
notre révolution de juillet, et elle n'en a pas d'autre,
c'est d'étendre aux classes inférieures cette émancipa-
tion des classes moyennes qui date déjà de 40 ans;
c'est de les rendre dignes de la liberté, que l'on con-
quiert en vain par les armes, si on ne la fixe pas par
les mœurs; c'est enfin d'améliorer à la fois et leur bien-
être physique, et leur condition morale; de les ren-

dre plus heureuses pour les rendre meilleures, et de les faire instruites pour les faire libres : œuvre grande et glorieuse s'il en fut, mais lente et progressive ; ce que vous oubliez par fois ; vous me permettrez de vous en faire souvenir au chapitre des institutions municipales.

Or, cette amélioration du sort des classes inférieures (car je veux faire une digression à mon tour, vous m'en avez, monsieur, donné le droit avec l'exemple), l'opposition, qui par tant d'éloquentes paroles a protesté de son intérêt pour elle, a-t-elle été aussi empressée de témoigner par des faits sa volonté d'y concourir. Je pourrais, dans le cours même de cette session, citer plus d'une preuve du contraire ; une me suffira. La loi sur les céréales, dont votre lettre s'est bien gardée de faire mention, était certainement conçue dans un esprit libéral à la fois et populaire. Le gouvernement, touché de la profonde détresse des classes laborieuses, avait cherché ce moyen indirect de soulager leur misère sans grever la France d'un nouvel impôt dont elles auraient dû partager le poids ; or, je vous le demande, monsieur, de quels bancs sont parties les réclamations contre une plus grande latitude donnée à l'importation étrangère? Les grands propriétaires de l'opposition ont-ils livré carrière cette fois à leur verve éloquente, pour ou contre les intérêts de la classe en souffrance ; pour ou contre la liberté du commerce? et n'ont-ils pas obtenu le déplorable triomphe de faire avorter ou mutiler une loi qui pouvait être à la fois une révolution dans l'économie politique et dans le sort de ce peuple éprouvé par tant de misères?

Je crois avoir prouvé que l'opposition n'a pas gardé, comme elle le dit, pour elle seule l'exclusif monopole de toutes les sympathies généreuses, et je continue. Vous voulez bien, Monsieur, dans votre charte octroyée, nous accorder les deux chambres; c'est quelque chose, et je vous en remercie! Je reconnais là volontiers un disciple de cette école parlementaire, avec laquelle on peut du moins discuter, sans en appeler toujours aux baïonnettes pour argument. Mais ici vient une autre distinction, qui mérite bien qu'on s'y arrête, car elle n'occupe pas moins de trois pages dans votre courte brochure. Si je ne savais que les institutions municipales sont depuis long-temps votre thème favori, votre *hobby-horse*, j'en aurais dit autant de cette distinction à laquelle vous semblez vous complaire avec tant d'amour. Vous appelez la chambre des députés la partie théorique, et la chambre des pairs la partie pratique du gouvernement. Les dénominations sont du moins nouvelles, mais, de bonne foi, est-ce un compliment à faire à vos honorables collègues, que de résumer sous le nom de théorie tous les beaux discours, toutes les sonores déclamations au moyen desquels ils ont allongé de trois mois une session que six pouvaient voir finir. Nous connaissons bien, nous, dans cette chambre même, un parti théorique et un parti pratique; mais le lecteur a bien assez de vos distinctions sans y joindre les nôtres; il est vrai que celles-ci auraient peut-être l'humble mérite d'être vraies, mais les vôtres sont si ingénieuses!

Appeler la chambre des pairs la partie pratique du gouvernement, n'est-ce pas, je vous le demande, donner à l'une des chambres un titre que toutes deux dévraient avoir. L'âge et la maturité qui doivent siéger sur les bancs de notre chambre viagère excluent-ils la théorie qui vient d'elle-même s'unir à la pratique dans une tête formée par les affaires. Pourquoi séparer ces deux parties de la science humaine, si vaines et si bornées quand elles sont isolées, et si puissantes quand elles s'appuient l'une sur l'autre. Retranchées ainsi chacune dans leur fort, rivales au lieu d'être alliées, pensez-vous que, pour être séparées, elles en fassent meilleur ménage. Et comme l'homme de la fable, entre ses deux maîtresses, voulez-vous ne souffrir ni cheveux blancs dans la chambre des théories, ni cheveux noirs dans celle de la pratique.

Encore une objection : la chambre des députés, dites-vous, doit représenter une disposition de théorie et de généralité nécessaire au progrès social. Fort bien : mais qu'entendez-vous, s'il vous plaît, par théorie, qu'entendez-vous par généralité. Les lois de finances, par exemple, qui jusqu'ici ont toujours spécialement appartenu à la chambre élective, sont-elles une généralité, une théorie ? N'est-ce pas à cette chambre, représentant spécial des intérêts du peuple, que sont tout naturellement présentées en premier lieu les lois qui concernent ces intérêts, les lois pratiques, les spécialités. La haute législation, au contraire, et les lois plus morales que politiques, les graves questions qui intéressent l'ordre social tout entier, ne semblent-elles pas s'adresser plus particulièrement à la chambre des pairs, respectable arsenal de toutes les théories confirmées par l'expérience. Allons, monsieur, convenez-en de bonne foi, une erreur typographique a déplacé vos deux épithètes : on vous a fait dire d'une chambre ce que vous vouliez dire de l'autre, et qui encore n'eût été vrai qu'à demi. Le mal est facile à réparer : un *errata* dans les journaux fera l'affaire.

Vous abordez ensuite une grande question, que nous subissions comme résolue et que vous feriez bien de subir de même, c'est celle de la pairie : nous l'avons acceptée non héréditaire ; acceptez-la de grâce non élective. C'est sans doute une admirable garantie de stabilité et de *pratique* que votre corps électoral au second degré, chargé de nommer une seconde chambre et d'élever la fragile cloison qui doit le séparer de l'autre. Mais supposons un instant constituée cette chambre élective et sans doute viagère (car vous vous gardez-bien de vous prononcer sur ce sujet, et je prends votre silence pour une adhésion), qu'arrivera-t-il d'elle ? Prenons-la sous ses trois faces, dans ses trois rapports : avec l'autre chambre, avec la royauté, avec le peuple qui l'a nommée.

Avec le peuple ? Mais un des axiômes du gouvernement représentatif, et avant lui du bon sens, c'est que tout pouvoir qui vient du peuple doit être amovible. La raison en est simple : les masses, douées en certaines occasions d'un bon sens exquis, sont cependant sujettes à se tromper comme les individus, et mieux que les individus, sur le choix de leurs délégués. Or, si ce pouvoir qu'elles délèguent est viager et inamovible, où sera pour elles la garantie contre leurs erreurs ou contre l'abus qu'on aura fait de leur confiance. Le peuple, mécontent des députés qu'il a nommés, peut au bout de cinq ans, ou moins encore, leur retirer leur mission ; et la garantie que la royauté trouve dans la dissolution, le peuple la trouve dans une élection nouvelle. Mais avec une chambre viagère où sera pour lui cette garantie ? Comme les fiefs sous Charles-le-Chauve, c'est une puissance dont il se dépouille et qu'il aliène pour jamais, en attendant qu'on la tourne contre lui !

Avec la chambre des députés ? Mais une chambre des pairs, produit indirect de l'élection populaire, une chambre des pairs qui ne représentera rien : ni le peuple, car ce n'est pas le peuple qui l'aura nommée ; ni la royauté, qui n'aura aucune prise sur elle ; ni l'aristocratie, car on ne fait pas une aristocratie avec un cens et des fonctions ; une chambre des pairs ainsi constituée sera nécessairement avec celle des députés dans une position de dépendance et d'infériorité. Infidèle à sa destination de stabilité et d'indépendance, elle fera tout bonnement de la démocratie au petit pied, de la popularité à la suite ; elle ramassera les miettes de cette faveur populaire que la chambre des députés voudra bien laisser tomber pour elle. Elle la mendiera humblement en s'enrôlant au service de celle-ci contre la royauté, pour jouer le rôle de second dans le combat, et achever l'ennemi que l'autre se chargera d'abattre. Que si elle essayait de lutter à son tour et de protéger de toute sa faiblesse cette royauté ainsi désarmée, allié utile pour attaquer mais impuissant pour défendre, qu'y gagnerait la chambre des pairs, sinon d'être renversée avant ou avec ce trône qu'elle voulait sauver !

Enfin avec la royauté? Mais, nous venons de le dire, forte contre elle seulement, mais non pas pour elle, elle usera en deux jours, à défendre le pouvoir, la popularité factice qu'elle aura gagnée à l'attaquer. Qu'on se figure une royauté de quelques jours en face d'une chambre populaire élective et d'une chambre populaire inamovible ; l'une pesant sur elle de toute sa mobilité, l'autre de toute sa durée ; l'une apportant du dehors les passions populaires sans cesse renouvelées, l'autre les concentrant dans son sein, et condamnée à être factieuse pour faire oublier qu'elle n'est plus populaire. Quelle différence y aura-t-il entre une république et une royauté ainsi dépourvue de tout étai, vacillant dans tous les sens sans trouver nulle part un appui, et réduite à quêter à son tour, comme la pairie, cette popularité qui lui échappe, en se désarmant elle-même, en se rognant griffes et ongles, comme le lion qu'on enchaîna quand il fut désarmé.

Faut-il des exemples, des précédents : qu'on nous dise quel appui prêtait au pouvoir exécutif le conseil des anciens, institué pour conserver la constitution, et qui fût le premier à la renverser. Et sans remonter si loin, quel est le rôle du sénat belge, si terne, si effacé? sénat eunuque et muet quand il n'est pas l'écho de la chambre populaire, et cela dans un pays où, à l'inverse de la France, une aristocratie toute faite offrait les éléments disponibles d'une véritable pairie. Que manque-t-il donc au sénat belge? Ce sans quoi il n'y a ni pairie, ni sénat digne de ce nom : l'indépendance, la stabilité, la conscience de sa durée. Nommé à temps et non pas à vie (un in-

terprète peu charitable pourrait conclure de votre silence, Monsieur, que vous en désirez autant pour le
nôtre); qu'est-ce, je vous prie, que cette pairie-
députation, ce sénat à bail, sorte de création bâ-
tarde, ni aristocratique ni populaire, véritable zéro
qu'on appelle chiffre par courtoisie; drachme sans
valeur qu'on jette tour à tour dans chaque plateau de
la balance, et qui décide le poids sans rien peser par
lui-même.

Est-ce à dire pour cela que j'approuve tout ce qui
s'est fait? Tant s'en faut, Monsieur, vous pouvez m'en
croire. Je partage avec vous, dans toute la sincérité
de mon cœur, vos regrets si judicieux sur une faute
commise, une faute irréparable peut-être; comme
vous je déplore que l'on n'ait pas, le lendemain de la
révolution de juillet, brisé la chambre des pairs en la
recomposant aussitôt, pour la purger de tous les éléments impopulaires qu'elle contenait en si grand nombre. Eût-il été possible alors de lui conserver l'hérédité? Je suis presque tenté de le croire : l'opinion
publique n'était point faite encore, et celle de Ma-
nuel, de Benjamin-Constant, et de quelques autres vé-
térans de la liberté, contenait la presse, plus tard dé-
chaînée. Peut-on douter d'ailleurs que la profonde
impopularité d'une partie des membres de la noble
chambre et de quelques uns de ses votes n'ait sou-
levé contre l'hérédité toutes ces tempêtes populaires
qui, sans cela, eussent pu passer sur sa tête et aller
crever ailleurs. La pairie mutilée achève péniblement
de se suicider elle-même. N'eût-il pas été plus sage,
plus humain aussi, de la dissoudre tout entière et d'en

recomposer une nouvelle avec les éléments de vie qu'elle possédait dans son sein!

Mais je suis comme vous, Monsieur, j'accepte sans regrets, sans arrière-pensées, les faits accomplis et les positions données. La France n'a pas voulu de l'hérédité, je n'en veux pas plus qu'elle. J'accepte avec la même résignation le mode consacré par la sanction populaire pour remplacer l'hérédité; non qu'il me semble exempt d'inconvénients, il en a même de fort graves, mais pas assez ce me semble pour balancer tous ceux que présente l'élection. Je me garderai bien d'y revenir comme vous par une voie détournée, en proposant des candidats présentés par les conseils généraux, leurs présidents par exemple; cette candidature aura lieu de fait sans la constituer en droit. J'accepte donc plus franchement encore que vous, vous en conviendrez, Monsieur, la position donnée; je ne répugne pas autant que vous à assurer quelque garantie à cette royauté dont le rempart naturel, en cas d'aggression, doit être la chambre des pairs, comme elle serait son frein si cette royauté, mal conseillée, voulait prendre l'offensive. L'intérêt du trône, qui a bien aussi ses ménagements à garder avec l'opinion publique, me semble devoir le détourner la plupart du temps de choix impopulaires; il craindra, n'en doutez pas, de voir tourner contre lui les remparts qu'il élève pour se défendre. L'opinion publique, avec la presse et la tribune pour véhicule, se fera jour jusque dans ses conseils, qui, après tout, ne l'oublions pas, représenteront la pensée de la majorité : car, vous le savez mieux que moi, Monsieur, dans cette forme si belle de gouvernement, dont vous avez étudié tous les ressorts, le ministère n'est en fin de compte que la volonté publique personnifiée dans quelques hommes, comme le roi n'est que la loi incarnée.

Pardonnez-moi, Monsieur, cette digression : elle était commandée par la juste importance que vous attachez à la question de la pairie, et par la place qu'elle occupe dans votre lettre ; poursuivons maintenant. Je laisse de côté quelques assertions un peu vagues sur la nécessité de coordonner l'ensemble des lois que l'on présente ; les peuples qui ont fait une révolution vont toujours au plus pressé, qui est d'en finir avec elle ; et la méthode a pu manquer parfois à un gouvernement et à des chambres qui ont eu deux ans l'anarchie à la porte, et la guerre étrangère à la frontière. Vous parlez bien aussi de diminution dans les charges, d'économies à faire, d'impôts à supprimer. Mais comme vous protestez énergiquement aujourd'hui contre les traités de 1815, auxquels vous vous résigniez à la tribune ; comme l'attitude tant soit peu menaçante que vous avez prescrite au gouvernement avec l'étranger ne nous permet pas de réformer une seule de nos 400,000 baïonnettes, et que je ne conçois pas d'économie réelle sans désarmement, vous me permettrez de considérer ceci comme une variation du thème obligé de l'oposition, et de passer outre.

Une question grave se présente, c'est celle des institutions municipales. Si je ne savais, Monsieur, à quel point cette question vous touche de près, je pourrais croire, au peu de place qu'elle tient dans votre brochure, qu'elle a perdu à vos yeux beaucoup de son importance. Quoi, monsieur, six lignes seulement sur ce système municipal, dont la nécessité vous préoccupe si vivement, dont l'absence vous a inspiré tant d'éloquents plaidoyers, tant de sympathiques regrets! « *Résoudre le problème de la centralisation du pouvoir sans l'affaiblir, et en le fortifiant même au contraire (vous auriez bien pu ajouter comment); problème qui me paraît très soluble, quoi qu'on dise.* » Et c'est là tout, Monsieur? pas un mot de plus? Cette solution, qui vous semble si facile, et qui me semble à moi si grave et si épineuse, vous ne daignez pas même nous la communiquer! Heureusement, Monsieur, que vos discours, votre administration, et votre vie publique tout entière, peuvent suppléer à cet étrange silence, et nous révéler votre pensée si déplorablement mutilée.

Vous êtes ennemi de la centralisation : et moi aussi, Monsieur, si par elle vous entendez cette concentration abusive de toute la vie d'un état dans sa capitale, cet afflux du sang vers le cœur, ce despotisme bureaucratique qui enlace la province d'un inextricable réseau, et la rend pour la plus mince affaire tributaire de toutes les lenteurs capricieuses de la filière administrative. Mais si par centralisation on entend cette énergique et vivace unité qui, rayonnant d'un centre commun vers toutes les extrémités du corps social, circule comme la sève dans ses branches les plus éloignées, et voit à son tour refluer vers elle, par un salutaire échange, la vie qu'elle a donnée : alors, ne vous en déplaise, Monsieur, je suis partisan de la centralisation; alors elle me paraît non seulement un bien, mais une nécessité; mais le *sine qua non* de tout gouvernement qui veut fonctionner deux jours sans que toutes les pièces de la machine éclatent disjointes au premier choc. L'assemblée constituante, pour laquelle vous témoignez, Monsieur, une admiration si juste et si sentie, s'aperçut bien vite, quand le gothique édifice de l'état, tout lézardé par tant de secousses, pesa sur elle de tout son poids, qu'il fallait avant tout resserrer les joints de cette France toute prête à se dissoudre. La législative, la convention, le terrible comité de salut public lui-même, tous les partis qui héritèrent l'un après l'autre du pouvoir, héritèrent aussi de cette terrible nécessité. Plus la crise devint violente, plus ils sentirent impérieusement que, pour un état ainsi tiraillé, avec l'anarchie au centre et le fédéralisme aux extrémités, l'unité c'était la vie; l'unité, c'est-à-dire la centralisation, telle fut la pensée de tous les partis en se saisissant du pouvoir, comme la discorde, c'est-à-dire la décentralisation, fut le secret de leur chute. Faute d'unité, le pouvoir s'éparpilla encore une fois aux faibles mains du directoire; et quand la main puissante de Bonaparte le ramassa presque tombé par terre, ce fut pour le concentrer encore. La restauration elle-même, dont le point de départ était si différent, marcha vers le même but. Elle tendit à la centralisation, comme Bonaparte, comme le directoire, comme le comité de salut public; parce que l'unité pour elle, comme pour eux tous, c'était l'existence; seulement elle rencontra et dut rencontrer plus d'obstacles, parce que la mesure d'unité dont les gouvernements ont besoin pour vivre ayant été dépassée par Bonaparte, il légua à ses successeurs l'esprit de résistance qu'il avait créé, sans la force qui lui servait à le dissoudre. La restauration, qui croyait hériter d'un despotisme tout fait, n'hérita que d'une résistance toute organisée. Elle lutta avec énergie, avec obstination, mais sans espoir; l'abîme était au bout; elle le sentait, et s'y précipitait de toute la puissance de l'élan qu'elle avait pris pour le franchir! Quand elle tomba, la France, grâce au ciel, ne fut pas entraînée dans sa chute. Mais la secousse, si courte qu'elle fût, était tellement violente, que tout l'édifice social, ébranlé sur ses gonds, craqua encore une fois. Louis-Philippe, en s'asseyant à la place des Bourbons, a subi les charges de l'héritage comme il en acceptait les bénéfices. La centralisation est pour lui ce qu'elle fut pour tous ses devanciers, un écueil à la fois et une nécessité; qu'il évite donc l'un en satisfaisant l'autre. Instruit par les leçons du passé, placé entre les doubles exigences d'une liberté qu'il faut consolider, et d'un pouvoir qu'il faut reconstruire; obligé de se garder à la fois et de l'excès de la centralisation, qui noue trop fortement le faisceau, ou de la faiblesse qui le relâche, le rôle de Louis-Philippe est tracé: c'est celui d'un éclectisme intelligent et habile, approprié au temps, aux lieux, à la pente des esprits, et au peuple qu'il gouverne. Pour cet éclectisme-là, Monsieur, je connais bien encore un autre nom; mais vos amis politiques l'ont tellement honni, tellement chargé d'anathèmes, malgré sa royale origine, que je ne leur donnerai pas la joie de le prononcer.

De la décentralisation aux institutions municipales telles que vous les entendez, Monsieur, il n'y a qu'un pas, la distance tout au plus qui sépare le but du moyen, décentralise le pouvoir sans l'affaiblir , et en le fortifiant même vous paraît chose facile. Par malheur, au moment même où j'attendais de vous., sur votre parole , la solution de ce difficile problème , tout charmé que je suis de l'assertion., je m'aperçois que la preuve manque. Et cependant, Monsieur, quel thème plus magnifique pour votre éloquence ? quel cadre plus propice pour vos théories favorites ? Ici j'attendais , je l'avoue , une exposition complète et *ex professo* de vos doctrines sociales, un système municipal éclos tout armé de votre cerveau ; j'espérais vous voir résoudre une bonne fois ce problème qui a arrêté tant de bons esprits; concilier l'indépendance des parties avec la force de cohésion qui doit unir le tout, la variété avec l'unité , la république aux extrémités avec la monarchie au centre. Vous vous taisez , Monsieur , à mon grand regret ; force m'est donc de deviner votre pensée, et de suppléer à votre silence.

Vous voulez pour la France un bon système municipal : et moi aussi , Monsieur, et tout bon Français, je pense, avec vous et moi. Mais il faut s'entendre : la révolution de 89, en émancipant les classes inférieures du vasselage féodal et du privilége en matière d'impôt, ne leur avait pas donné, par malheur, en leur conférant des droits politiques, les lumières nécessaires pour en faire usage : les mœurs et le degré de civilisation d'un peuple ne se décrètent pas comme ses institutions, par assis et levé; il faut que tout porte la même date, atteigne le même niveau , marche du

même pas; et le peuple français, gagné de vitesse par
sa constitution, était resté en arrière d'elle. Sans parler même ici du sanglant apprentissage qu'il fit de la
liberté, et de tous les faux pas qui signalèrent son
inexpérience, qu'on se rappelle l'épouvantable anarchie où Bonaparte trouva la France en la tirant des
mains du directoire; l'inextricable chaos où s'agitaient
pêle mêle ces quarante mille républiques municipales,
hydre aux mille queues et sans tête; ce vaste pillage des
deniers publics, organisé sous le titre d'administration;
ce désordre dans tous les rouages, cette désorganisation
dans tous les services. Ce ne fut certes pas trop de la
main puissante du consulat et de la terrible unité de
l'empire, aidées de cette réaction naturelle qui porte
les esprits fatigués de l'anarchie à se réfugier dans le
despotisme, ce ne fut pas trop de Bonaparte enfin
pour refaire une France de tous ces milliers de morceaux
épars et vivaces, mais sans lien. Il fallut bien des années
de prospérité et de gloire, bien des prodiges de la centralisation la plus énergique et la plus féconde, pour
effacer tous les vestiges de cette grande plaie sociale,
et guérir un mal par le mal opposé, l'abus de la décentralisation par l'abus de l'unité, le fédéralisme enfin
par la tyrannie. Ce qu'a permis la France de l'empire
s'explique et s'excuse peut-être par ce qu'avait souffert
la France de la terreur et du directoire. La France de
1830 n'en est plus là, me direz-vous, Monsieur! Non,
grace au ciel: les luttes de la restauration, long et pénible noviciat de la liberté, ont fait entrer dans les esprits les moins éclairés bien des idées saines, bien des
leçons de cette sagesse pratique que le malheur et

24

l'expérience enseignent aux nations. Mais, en conscience, Monsieur, croyez-vous la France, la France
des chaumières, mûre pour la dose de droits politiques
que vous voulez lui donner? Administrateur de cet
immense chef-lieu de la France décoré à lui seul du
nom de département, est-ce Paris que vous avez pris
pour point fixe dans l'échelle de civilisation que vous
supposez à tous les autres? Un médecin connaîtrait-il
l'anatomie du corps humain, s'il n'en avait étudié que
le cœur. Le prisme séduisant de cette haute culture intellectuelle dont vous avez toujours habité le centre
ne vous a-t-il pas aveuglé sur les imperfections du reste, sur cette déplorable ignorance, cette semi-barba-
rie de tant de départements qui n'ont pas eu le bon-
heur d'être administrés par vous. Faut-il vous rappeler
qu'avant de saturer des droits politiques, qu'elle ne
comprend pas, une population ignorante et affamée,
toujours partagée entre le soin de gagner son pain du
jour et la crainte de manquer de son pain du lendemain, il faut la nourrir d'abord et ensuite l'éclairer ;
qu'au lieu de rabaisser encore ce cens municipal déjà
descendu si bas, au lieu de pousser comme par une
sorte de *presse* ces conseillers réfractaires à une assemblée municipale où ils répugnent à se rendre, il faut leur
faire une intelligence pour comprendre et du loisir
pour exercer ces droits qu'ils dédaignent aujourd'hui.
Sachez-le bien, Monsieur, tout ce que vous et vos amis
politiques demandez pour la France de droits politiques et d'institutions libres, nous le demandons,
nous l'espérons comme vous: nous ne différons que
sur la date : ce que vous voulez brusque et instant,

nous le voulons progressif, pour l'avoir plus certain ; nous semons pour recueillir, et vous voulez recueillir sans avoir semé. Oui, nous avons foi dans l'avenir de cette France, à laquelle aucune borne n'est fixée dans la carrière du progrès et de la liberté ; de cette France qui marche libre et fière à la tête de la civilisation européenne, depuis que l'Angleterre qui l'a précédée si long-temps a fait une pause pour se mettre à sa suite. Mais c'est dans l'intérêt de cet avenir, dans l'intérêt de cette liberté, que nous ne voulons pas la compromettre par un de ces essais aventureux dont le succès même ne vaudrait pas la chance terrible qu'il nous ferait courir. Car enfin, Monsieur, Dieu seul, en déchaînant les tempêtes, est sûr de leur obéissance quand il lui plaira de les rappeler ; et vous, Monsieur, en livrant ainsi la France municipale au souffle des tempêtes populaires, êtes-vous sûr de retrouver au besoin l'outre où vous les ferez rentrer, et le *quos ego* pour les y ramener ?

Ici se présente tout naturellement une question que je m'étonne de vous voir passer si dédaigneusement sous silence. Comment parler d'institutions municipales sans parler d'instruction primaire ? Qui dit le but ne doit-il pas dire les moyens, et l'une n'est-elle pas l'acheminement vers l'autre ? Donne-t-on des procès-verbaux à signer à gens qui ne savent pas même lire ? Heureusement, Monsieur, qu'à défaut de votre pensée sur ce sujet, j'ai celle de vos amis politiques. La loi Daunou, présentée pour pendant à celle du gouvernement sur l'instruction primaire, ne sera pas, sans doute, désavouée par vous ; car elle asseoit, par un cercle vicieux que je m'étonne de n'avoir pas vu relever, tout l'édifice de cette instruction sur un système municipal qui n'existe pas encore. Pénétrée d'une sainte horreur pour l'Université, elle écarte avec le soin le plus scrupuleux son intervention, même la plus éloignée, dans l'instruction populaire : elle met en tutelle les écoles communales sous ces conseils municipaux qui, eux-mêmes, soit dit en passant, auraient encore si souvent besoin de tutelle. Je ne veux pas me faire ici le champion de l'Université ; sans doute le gothique édifice menace ruine de plus d'un côté, et appelle bien des réparations pour ajouter encore quelque durée à tous les siècles qu'il compte déjà ; mais enfin l'Université, chancèlante même et décrépite comme elle l'est, n'est-elle pas encore un appui plus sûr pour un bon système d'instruction populaire que ces institutions municipales dont vous n'avez pas même posé la première pierre. J'en demande bien pardon à M. Daunou et aux honorables députés dont il a résumé la pensée collective ; mais n'ont-ils donc jamais habité la province, n'ont-ils jamais vu en séance un conseil municipal, pour vouloir confier cette tutelle si délicate de l'éducation populaire, et son inspection toute morale, aux mains inexpérimentées qui froissent si souvent les intérêts plus matériels d'une commune ? Eh ! de grâce, Messieurs, instruisez donc d'abord ceux qui doivent surveiller l'instruction des autres ; faites passer l'enseignement par le conseil municipal, avant de le faire descendre à l'école. Préparez-nous par une complète organisation de l'instruction primaire une génération

mûre pour cette liberté pratique, arme dangereuse
dont il faut lui enseigner le maniement avant de lui
en confier l'usage; faites-lui sentir le besoin et surtout
l'avantage de ces droits politiques qui ne seraient
pour elle aujourd'hui que des devoirs: car vous savez
si l'on accomplit de bonne grâce des devoirs qui ne
ressemblent pas un peu à des intérêts.

Une chose m'étonne, Monsieur, je l'avouerai franchement, c'est que vous et vos honorables amis, ani-
més comme vous l'êtes pour le bien-être des classes
inférieures d'un zèle si éloquent, vous n'ayez pas
pris cette question si importante, si féconde, pour
thème presque unique de vos attaques contre le ministère. Celui-ci, il est vrai, a accompli un devoir en
présentant une loi que je crois sage, et surtout exécu-
table, mérite que n'ont pas toujours toutes nos lois;
mais a-t-il fait assez que de la présenter? devait-il
laisser écouler cette session sans faire résoudre une
question vitale, une question d'avenir et d'existence
pour la France? n'est-il pas coupable au moins d'in-
différence de n'avoir pas guéri, de force s'il le faut,
cette honteuse lèpre sociale de l'ignorance, qui en
engendre tant d'autres? Vous voyez que j'accuse franchement le ministère, que je ne marchande pas avec
ses torts; mais l'opposition, Monsieur, l'opposition
n'y est-elle pas de moitié? Que de stériles déclamations
auraient pu être remplacées par ce thème inépui-
sable de patriotiques sympathies. Vous surtout,
Monsieur, vous, infatigable champion de cette régénération municipale, qui ne peut avoir lieu sans une
régénération intellectuelle, n'est-ce pas à vous qu'il

appartenait, plus qu'à tout autre, de vous porter partie pour l'instruction primaire? de fatiguer le gouvernement de vos plaintes incessantes, de votre refrein éternel, l'instruction primaire, *delenda Carthago* d'un autre Caton ; de demander au ministère, à la chambre elle-même, quand elle daignerait s'occuper de cette loi, qui, absente, frappe d'impuissance et de stérilité toutes les autres ; quand on cesserait de lésiner avec l'instruction populaire, et de voter des milliers de francs là où il faudrait des millions. Ah! Monsieur, quel beau rôle vous avez manqué là; quelle lacune dans votre *compte rendu* et dans celui de l'opposition ; et combien les trois mois qu'elle a fait perdre à la France eussent pu être mieux employés à la doter de cette précieuse loi!

Je me suis étendu longuement sur ce sujet : son importance m'excuse, et votre silence me le commandait ; je serai court sur le reste. Vous demandez une bonne loi sur la garantie et la responsabilité des fonctionnaires, chose importante, en effet, non moins que difficile. Vous proposez de donner de la stabilité aux fonctions publiques en distinguant le grade de l'emploi, et en faisant dépendre le premier d'un jugement du conseil d'état : ce qui concilierait selon vous la garantie de stabilité avec les exigences de la responsabilité ministérielle. Mais voulez-vous donc assimiler, comme vous le dites, les grades civils à ceux de l'armée? Voulez-vous, comme en Russie, parquer de force la nation dans les cadres d'un vaste régiment, où le mérite et le rang se classeront d'après l'épaulette, et où la société tout entière se modèlera bon gré malgré sur les hiérarchies d'une caserne ? voulez-vous ensuite que le conseil d'état, occupé, comme vous le demandez avec tant de raison, de préparer aux chambres et au ministère leur besogne législative, et voué par conséquent aux plus hautes méditations sociales et administratives, prononce à chaque instant sur les mérites ou les démérites d'un garde-champêtre, ou d'un débitant de tabac? ou bien exigez-vous que l'*employé gradé*, déchu de son *emploi*, conserve toute sa vie son *grade* honoraire comme une protestation vivante contre les rigueurs responsables du ministère. Votre illustre ami, M. de Lafayette, semble, dans toute sa carrière parlementaire, préoccupé du besoin de faire rentrer et d'absorber toujours la vie militaire dans la vie civile; vous monsieur, n'êtes-vous pas aussi préoccupé du besoin contraire? ne voulez-vous pas faire toute la France soldat, comme M. de Lafayette veut la faire citoyenne?

En avançant, Monsieur, ma tâche devient plus douce et plus facile : car je n'ai presque plus que de l'instruction à recueillir et des éloges à donner. Dans tout ce que vous dites sur le règlement intérieur de la chambre et les attributions du conseil d'état on reconnaît, Monsieur, et je suis heureux de pouvoir le proclamer tout haut, un esprit aussi judicieux que pratique, et un homme profondément versé dans le sujet qu'il traite. Puissent la chambre et le ministère, en écartant toute prévention de parti, accueillir ces vues si sages et si hautes qui font autant d'honneur au gouvernement qui les adopte qu'au citoyen qui les propose. Permettez-moi seulement quelques objections à vos justes critiques sur la composition des bureaux de la chambre.

Vous vous plaignez, non sans raison, qu'on s'en re-
mette au hasard du choix de composer ces bureaux ;
vous demandez des commissions composées d'hommes spéciaux, dont les lumières soient appliquées à la
chose qu'ils ont surtout étudiée ; mais n'y a-t-il pas aussi
quelques inconvénients attachés à cette spécialité ex-
clusive. Un comité formé pour rédiger une loi militaire devrait-il être tout composé de soldats ? une loi de
jurisprudence devrait-elle être confiée uniquement à
des députés magistrats? chaque profession n'a-t-elle
pas comme chaque parti ses préventions, ses préjugés,
son esprit de corps, qu'il est nécessaire de neutraliser
dans toute commission par l'adjonction de quelques
membres qui ne soient pas à la fois juges et parties, et
dont les vues larges et indépendantes reculent le point
de vue plus net, mais plus borné, des autres? Ensuite,
se plaindre que la minorité est presque toujours exclue
des commissions, n'est-ce pas réclamer contre la majorité, cet indispensable pivot du gouvernement représentatif? Protester contre le hasard capricieux et irra-
tionnel qui forme les bureaux, rien de mieux ; mais
protester contre le choix des commissions par ces bureaux, n'est-ce pas avouer indirectement que les hommes spéciaux ne se trouvent pas d'ordinaire dans la minorité. Prenez-y garde, Monsieur, c'est un aveu dont on
pourrait s'emparer : car enfin l'esprit de parti n'est pas
tellement exclusif qu'on pût toujours bannir des commissions des hommes dont les lumières toutes spéciales
s'y fraieraient forcément l'entrée. Que l'opposition rem-
place par des études pratiques et laborieuses, par des
discussions positives, les déclamations qui régalent tous

les mois la France d'une petite trilogie parlementaire, et elle emportera de force l'entrée des commissions en attendant celle du ministère.

Ici se termine votre brochure. S'il ne s'agissait que d'y répondre, j'aurais aussi terminé ma tâche, et vous me rendrez cette justice, Monsieur, non pas sans quelque impartialité. Mais une tâche plus pénible me reste ; comment répondre à votre Compte rendu, sans dire un mot d'un Compte rendu plus tristement célèbre, et de sa fâcheuse coïncidence avec des événements à jamais déplorables. Ma réponse à votre lettre dont ce Compte rendu n'est que la pâle copie ou la faible esquisse (je ne sais trop lequel) me dispense de suivre et de réfuter pas à pas toutes ses assertions. Leur vérité se trouvant ainsi discutée d'avance, je n'ai plus à m'occuper que d'une question, celle de son opportunité et de sa convenance. J'essaierai d'écarter loin de moi toute amère récrimination, toute interprétation peu charitable ; je mettrai tous mes soins à apporter dans le jugement de cet acte public, livré comme tel à la discussion, une modération qui ne se trouve peut-être pas dans l'acte lui-même. Si obscure, si humble que soit la voix que j'élève en faveur de ce que je crois la vérité, j'ai le droit, j'ai le devoir comme citoyen français, de juger à mon tour une opposition qui prétend juger la majorité dont elle devrait respecter l'arrêt. Membre ignoré de cet immense jury national auquel elle en appelle, je prononce mon modeste verdict la main sur ma conscience ; c'est au tribunal, c'est-à-dire à la France à prononcer à son tour si elle le ratifie.

Quand des conseils municipaux, emportés hors des

règles par cet élan chaleureux qui a fait sympathiser la France avec le trône menacé, lui ont fait parvenir leur adhésion, peut-être illégale, les puristes du gouvernement représentatif se sont alarmés; d'aigres remontrances se sont fait entendre sur l'illégalité de ces assemblées, qu'excusait du moins l'unanimité de leurs décisions et la bonne foi de leurs membres. Nous ne blâmons pas cet excessif scrupule; nous aimons à voir dans les organes de l'opposition ce respect exagéré pour la lettre de la loi, alors même qu'on n'a pas dérogé à son esprit. Mais d'où vient donc qu'aucune plainte ne s'est élevée de la part de ces scrupuleux casuites, quand l'opposition, c'est-à-dire la minorité, est venu dans l'intervalle d'une session, et contre le texte formel de la loi, protester contre les décisions d'une majorité toute légale, et relever le drapeau quand la bataille était finie. N'y a-t-il pas eu quelque chose de peu généreux, de peu français, à attaquer ainsi un ennemi qui ne pouvait se défendre, enchaîné par son respect pour ces mêmes lois qu'on violait pour l'attaquer. L'Angleterre et l'Amérique, ces deux terrains classiques du gouvernement représentatif, dont l'un au moins ne sera pas désavoué par vous, ont-elles jamais donné l'exemple de ces assemblées illégales, dont la tentative serait à elle seule une révolution, et dont la pensée même n'est jamais venue aux adversaires les plus acharnés du pouvoir. C'est que, dans ces deux pays, Monsieur, l'opposition, alors même qu'elle prend en main les intérêts du pays, alors même qu'elle se dit son exclusif, son unique mandataire, prend toujours la constitution pour limite comme pour point de départ. C'est qu'il y a toujours pour elle, quelle que soit la violence de ses attaques, certains points hors de discussion, comme la constitution existante et le gouvernement dont elle est le plus ferme soutien. Le pouvoir exécutif, dans ces deux pays, loin d'être ébranlé par des attaques qui n'arrivent jamais jusqu'à lui, s'éclaire de ces vives discussions où du choc des opinions jaillit tôt ou tard la pensée, la vraie pensée publique; où le pays condamne par son silence même tout appel qui lui est fait, et auquel il ne répond pas; où l'opposition enfin, alors même qu'elle s'égare, est pure de toute arrière pensée, parce que ses violences même, en s'arrêtant à une certaine limite, témoignent encore de son respect pour les lois.

Mais laissons de côté la question de légalité dans cette réunion trop fameuse : y avait-il convenance, y avait-il opportunité ? La France, préoccupée des troubles de l'Ouest, appelait de tous ses vœux la fermeté bien tardive qu'y a déployée depuis le gouvernement; mais enfin, à part quelques légers désordres, facilement réprimés, la France était tranquille : tout en sachant la guerre civile dans l'Ouest, en invoquant contre elle les mesures de répression les plus énergiques, elle ne la savait pas du moins à Paris. La plupart des députés, surtout ceux de la majorité, absents de la capitale, allaient porter eux-mêmes à leurs mandataires un *Compte rendu* moins éclatant et plus réel; et voilà tout d'un coup que l'opposition, fatiguée sans doute du silence et de l'inaction à laquelle elle était condamnée, se croit tenue de protester énergiquement : contre quoi? contre des faits accomplis, contre des décisions

votées, non pas par le ministère, qui n'en fut que l'exé-
cuteur, mais par la majorité d'une chambre libre-
ment élue s'il en fut jamais. Un appel est fait à l'opinion de la France par des hommes qui n'ont pas su
la faire prévaloir dans la chambre dont ils faisaient
partie. Vaincus à la tribune, ils se réfugient à l'ombre de la presse; ils se mettent à la suite des journaux,
eux qui devraient les guider. Minorité impérieuse en
raison même de son petit nombre, ils veulent impo-
ser leur opinion non seulement à la majorité, qui
seule existe légalement dans la chambre, mais à la
France, qui est aussi une majorité ! Et celle-là, je pense,
aurait dû être respectée par eux ! Je vous le demande,
Monsieur, est-ce là le fait de bons citoyens? y aura-t-
il jamais repos pour un pays si les votes de ses re-
présentants ne décident rien sur rien, si chaque défaite de la minorité amène un nouveau combat, et
s'exploite au profit d'un nouveau scandale ?

Je ne reviendrai pas sur tous les détails de cette mé-
morable séance: grace aux *indiscrétions* du *Constitution-
nel*, nous savons beaucoup, Monsieur, quoique nous
ne sachions pas tout encore ; mais j'aime mieux adop-
ter votre version comme plus officielle; elle contredit
d'ailleurs trop peu le journal qu'elle dément pour que
cette concession me coûte quelque chose. Comment,
lorsque, dans l'assemblée extra-légale où votre talent
vous donnait une si haute influence, des voix se sont
élevées, insensées partout ailleurs, mais ici factieuses,
pour engager à la république l'avenir de la France,
comment votre voix ne s'est-elle pas élevée avec plus de
force pour en appeler à la fois des serments et aux de-

voirs d'un loyal député? Quoi, vous, député de la France monarchique de juillet, vous qui avez contribué de toute votre part d'influence à asseoir sur le trône le prince qu'elle y veut maintenir, vous ne trouvez contre la répuplique d'autre argument que la terreur qu'elle inspire! dans les vœux impies que l'on prononce vous ne voyez d'autre danger que celui d'enlever à votre *Compte rendu* quelques adhésions! Quand un député, que désavoue cette jeune France dont il se dit le représentant, traite les serments avec ce dédain que les partis ont toujours pour tout frein qui les enchaîne, vous ne retrouvez pas pour tonner contre lui quelques unes de ces paroles éloquentes qui ne manquèrent jamais à vos attaques contre le ministère. Eh! grand Dieu, quel est donc ce camp où la sainteté des serments est ainsi méconnue, où les factieux de tous les partis insultent impunément à cette religion qu'ils devraient respecter, s'ils ne l'a pratiquent pas, où M. Garnier Pagès se rit des serments prêtés, et où M. Berryer se vante impudemment devant les tribunaux d'avoir violé les siens? Où dont s'est réfugiée la bonne foi et l'antique loyauté française, si toute profession de foi politique n'est plus qu'un rôle qu'on débite, tout serment prêté qu'une amère dérision ou une tactique habile? si la rébellion d'un côté, et la peur ou le calcul de l'autre, marchent tous au même but par des voies différentes, sans qu'une voix s'élève au nom de la France pour leur dire: Ce n'est pas ici le droit chemin!

On vous prête de l'ambition, Monsieur; et loin de moi la pensée de vous en faire un reproche: avec un talent de la portée du vôtre elle est un droit, j'allais presque dire un devoir! Mais, si vous eussiez été ambitieux, quelle route plus noble et plus directe pouvait s'ouvrir devant vous pour conduire avec vous au pouvoir cette opposition légale qui vous eût si volontiers reconnu pour son chef? Quelle loyale ambition n'eût préféré aux chances incertaines d'une république que vous n'osiez ni répudier franchement, ni admettre, un éclatant désaveu qui vous frayait à lui seul le chemin du ministère? Il eût été beau, Monsieur, il eût été facile d'y arriver en vous ralliant d'une voix haute et franche à cette monarchie dont vous pouviez blâmer le système, mais dont il fallait défendre le principe du moment qu'il était attaqué. Alors, sans qu'on pût accuser votre bonne foi, que vous devez à votre pays avant de la devoir à vos amis politiques, vous échappiez sans effort à tout engagement de parti, vous rompiez en face avec les factieux pour rallier à vous tous les bons citoyens; vous entraîniez, dans ce moment critique et décisif, cette scission inévitable dans les rangs de l'opposition, cette scission qui se fera sans vous, puisque vous n'avez pas su la faire. Non, vous n'êtes pas ambitieux, Monsieur; on vous accuse à tort de ce noble défaut. Engagé dans une voie périlleuse, acculé à une fausse position, vous n'avez pas eu le courage d'en sortir par une de ces franches décisions, un de ces partis pris, brusques et résolus, qui sauvent les réputations comme les empires. Poursuivez votre route, Monsieur, sans savoir plus que moi où elle vous conduit; mais laissez-moi regretter, au nom de la monarchie de juillet, de voir ainsi faire à jamais divorce avec elle à un talent si beau , si vrai, et qui pouvait si bien se dévouer à sa cause sans être infidèle à celle de la France.

J'ai mesuré mes expressions, Monsieur; mais je ne leur ai ôté, comme vous voyez, ni leur rude franchise, ni leur énergie : ce que j'ai dit, je le pense , et bien des gens le pensent avec moi. Peu , sans doute , ont eu le courage de vous le dire ; mais c'est aux brochures à dire franchement et nettement ce que les journaux n'osent indiquer qu'à demi ; c'est à elles à laisser de côté tous les vains ménagements, toutes les timides réticences , pour exprimer tout haut cette pensée individuelle qui est quelquefois la pensée publique , mais qui , fût-elle isolée , n'en serait pas moins consciencieuse; c'est à elles enfin, à vous détourner, s'il en est temps encore , de cette voie sans issue où vous êtes entré avec l'opposition , et d'où elle reviendra sans vous si vous ne lui donnez pas l'exemple du retour : car enfin, il faut le lui dire ainsi qu'à vous, on doit la vérité même aux rois ; et vous n'en êtes chacun qu'un quatre-cent-soixantième; mais, minorité vous-mêmes dans la chambre élective , une autre minorité dans votre propre sein vous rend ce despotisme que vous faites peser sur la majorité ; opprimés vous-mêmes en voulant opprimer ; vous vous débattez en vain sous le joug de cette minorité factieuse. Elle vous traîne à la remorque dans cette route d'illégalité et de révolte qui n'a d'issue que la violence. Esclave elle-même des passions désordonnées qu'elle fomente au dehors sans savoir les conduire , subissant à son tour la tyrannie qu'elle impose , on ne sait, au mi-

lieu de tous ces ricochets d'anarchie, de cette hiérar-
chie dans le désordre, d'où part l'impulsion qui dirige,
et la volonté qui commande. On voit bien des soldats
qui obéissent, fidèles à je ne sais quelle secrète consigne dont la source mystérieuse échappe à tous les re-
gards; mais on ne voit ni chef ni drapeau; il semble
que la société, mue d'une ardeur intelligente de des-
truction, s'organise d'elle-même pour le désordre; et
si l'on ne sentait au milieu de toutes ces sourdes attaques la France qui résiste et tient bon contre le levier,
on se croirait arrivé à une des époques fatales, à un des
cataclysmes politiques où la société, travaillée par je
ne sais quel mal intérieur, se retourne et s'agite de tous
côtés pour chercher sans espoir un repos qu'elle ne
trouvera point.

Ma tâche est pénible, je vous l'ai dit, Monsieur;
mais elle approche de sa fin : les journées des 5 et 6
juin l'ont grandement simplifiée ; elles ont donné à tous
les bons citoyens ce qui leur manquait peut-être, la confiance dans la force de leur cause, comme ils l'avaient
dans sa justice; ils se sont comptés, et leur nombre a
fait leur sécurité, leurs bonnes intentions ont fait leur
courage. Non, la France, quoi qu'on en dise, n'a pas
été un instant près de passer sous l'ignoble joug de
quelques fous furieux, mendiant dans la rue, avec leurs
hideuses parodies de juillet, une popularité de boue
et de sang que leur victoire d'une heure n'a pu leur
assurer nulle part. Partout leur déplorable courage,
exploité par ces chefs qui les poussaient au combat
pour les désavouer après la défaite, est venu se briser
contre le patriotique courage de l'armée et de la mi-

lice citoyenne. Non, Paris n'a pas hésité un instant, pas même en voyant réunis encore une fois, loin du danger, il est vrai, ces députés de l'opposition qui disposèrent jadis d'une couronne, au bruit des balles et de la mitraille; Paris savait très qu'ils n'avaient pas cette fois de couronne à donner, car il n'y avait ni lois violées ni monarque parjure; Paris n'a pas soupçonné l'intention là où n'était ni le droit ni la puissance. Mais il a pu s'étonner au moins qu'autour d'un roi fidèle à ses serments, et qui ne marchandait pas sa vie pour venger les lois que son prédécesseur avait violées, les députés de l'oppositon ne vinssent pas, sans protester cette fois, se rallier à la majorité qui leur prêchait d'exemple. Il a pu s'étonner que les trois seules voix que cette opposition fît parvenir jusqu'au trône menacé y vinssent pour dicter des lois, et non pour offrir un appui. Enfin Paris avait pu comprendre et excuser peut-être, cinq jours avant la révolte, ce *Compte rendu* qui ne fût pas même coupable de tout le scandale qu'il s'était promis; mais quand ce scandale, impuissant qu'il était, est encore venu se perdre dans le fracas de la guerre civile, Paris a droit au moins de demander compte de ces adhésions posthumes qui semblent revendiquer leur part de la faute, et au tort d'avoir précédé l'insurrection suppléent par celui de ne pas la désavouer; Paris a droit enfin d'accuser l'opposition et les journaux qui se sont faits ses organes, l'une de n'avoir vu s'élever dans son sein qu'une voix pour protester contre sa protestation même, les autres de n'avoir eu, au milieu de leurs amères diatribes contre le pouvoir, ni un blâme contre la révolte, ni une larme pour ses victimes.

Mais tirons un voile sur le passé; invoquons pour les coupables la clémence, qui inaugure si noblément un règne, et qui a consolidé bien des trônes sans en avoir jamais fait tomber un. Quant à l'opposition, quels qu'aient été ses torts pendant et depuis les journées de juin, elle peut du moins plaider sa bonne foi pendant les jours qui les précédèrent : coupable de n'avoir pas protesté plus haut et plus fort contre cette république conditionnelle qu'on lui laissait voir comme pour la tâter, elle ne l'est pas d'avoir blâmé le système d'un ministère responsable, bien qu'elle le soit d'avoir exprimé ce blâme autre part qu'à la tribune. Qu'elle revienne donc, il en est temps encore, à ces voies de légalité qu'elle n'aurait dû jamais quitter. La question de la république et de la royauté constitutionnelle, nettement posée à coups de fusil, s'est vidée dans la rue; qu'elle se décide aussi nettement dans la chambre; qu'une scission, depuis long-temps prévue, plus que jamais nécessaire, s'opère dans cette opposition, ou la France verrait à regret des factieux là où elle voudrait ne voir que des bons citoyens. Qu'autour de la royauté populaire, dégagée de l'alliage des coteries, franchement séparée de tout ce qui tient encore au passé par des espérances ou des regrets, se rallient sur tous les bancs de la chambre tous ceux que réunit une pensée d'ordre et une pensée de liberté, plus compatibles qu'on ne pense; comme dans un duel entre gens qui s'estiment et où la haine n'est pas au fond des cœurs, le sang qui a coulé doit réconcilier les combattants, et la clémence doit fermer les blessures !

L'occasion est favorable : le gouvernement, fort de l'adhésion de tous les bons citoyens ralliés autour de lui, est près de rentrer dans les voies légales, que, mieux inspiré, il n'eût peut-être pas quittées. La royauté, en reconstituant son ministère, où la mort et la maladie ont aussi laissé leurs vides, comme dans les rangs de notre milice citoyenne, semble faire un appel à la fusion des partis, et, sans désavouer tout son passé, se préparer à céder aux justes exigence de l'opinion. Que l'opposition réclame avec nous des nouveaux dépositaires de la pensée royale une attitude plus énergique au dehors, un langage plus ferme, une France plus digne et plus respectée ; qu'elle demande à voir purger sans retour l'administration de tous les suppôts du gouvernement déchu qui l'encombrent encore, et font douter parfois à la province qu'une révolution ait passé sur elle pour nettoyer ces écuries d'Augias ; qu'elle réclame surtout avec une infatigable persistance des lois paternelles, des lois pratiques et positives, qui améliorent à la fois la condition physique et morale du peuple, et l'éclairent avant de l'émanciper ! et nous serons heureux alors de sympathiser avec elle ; et chacune de ses paroles trouvera en nous un écho, quand le désordre sous le nom de liberté, et la révolte, sous le titre d'erreur, ne trouveront plus sur ses bancs ni sympathie ni excuse.

POST-SCRIPTUM.

1er juillet.

La cour de cassation, sans statuer contre la légalité de la
mise en état de siége, s'est prononcée contre celle des tribunaux militaires. La levée de l'état de siége, qui devait avoir
lieu quel que fût l'arrêt, et qui aurait dû le précéder, n'a fait
que le suivre. A entendre les chants de triomphe des journaux
de l'opposition, on pourrait croire que la cour de cassation
vient de prononcer en même temps la légalité de la révolte,
et qu'il faut aujourd'hui des couronnes de triomphateurs à
ceux qui réclamaient hier des couronnes de martyrs. A entendre aussi le cri de joie que pousseront bientôt les héros de la
légitimité de grand chemin, la duchesse de Berry pourra croire
qu'il est temps pour elle de quitter sa retraite de Guernesey,

et que la rébellion, devenue légale à Paris, ne l'est pas moins dans la Vendée. Pressé par le temps et l'à-propos qui m'échappent, je n'ai que quelques mots à jeter sur ce grand événement; ils ne manqueront au moins ni de fermeté ni de franchise.

Je m'occuperai peu de l'arrêt en lui-même, mais de ses conséquences; peu de sa légalité, que j'admets pleine et entière, mais de ses résultats et de sa portée politique. Je ne m'arrêterai pas à réfuter les contradictions de ces journaux qui, il y a un mois, appelaient de tous leurs vœux la mise en état de siége dans la Vendée, et n'ont pas aujourd'hui assez d'anathèmes pour la flétrir à Paris. Je ne parlerai pas de ce chant de triomphe qu'entonnent à la fois deux partis auxquels il ne sied pas de s'entendre si bien dans leurs admirations comme dans leurs haines. Je demanderai seulement en passant à l'opposition, si ses vœux pour une rénovation complète de la magistrature eussent été exaucés, combien elle eût voulu conserver de ces magistrats qu'elle encense aujourd'hui, et que dénonçait naguère en masse votre honorable collègue M. Portalis..... Mais les contradictions des partis ne m'étonnent pas plus que leurs alliances.

Je me hâte d'arriver aux conséquences de l'arrêt de la cour de cassation : là est pour moi la question, non pas légale, je le répète, mais politique, mais sociale; car l'existence de la société est aussi une loi qui doit non pas faire taire toutes les autres, mais les sanctionner, mais leur prêter cette garantie dont elle-même a besoin.

La société est désarmée : c'est un fait qu'on ne peut nier, puisqu'en face de violations brutales et flagrantes, les lois ordinaires ne suffisent pas pour la défendre, et que les tribunaux lui dénient tout recours à des mesures extra-légales. Il est beau, sans doute, en face de l'ennemi qui viole à main armée toutes les lois, de se cramponner à main armée au texte de ces lois, comme les sénateurs romains à leurs chaises curules! Mais admettons même pour un instant qu'à Paris la justice ordinaire suffise, Paris toujours vacillant entre l'émeute à étouffer et l'émeute à punir! que l'ordre et la liberté aient assez pour se protéger des tribunaux dont ils relèvent, et de cette belle institution du jury, à laquelle la France devra peut-être son salut, quand la société attaquée aura compris qu'elle suffit elle-même à se défendre; mais la Vendée, cette plaie rongeuse que la restauration a léguée à la France, et que le fer commençait à guérir, faut-il désormais l'abandonner à elle-même, ou lutter contre elle avec ces palliatifs impuissants dont l'opposition a si justement proclamé l'insuffisance? Faut-il désarmer la justice, là où son glaive tiré du fourreau frappait déjà la révolte d'une salutaire terreur, là où il fallait la guerre pour tuer la guerre civile? Faut-il livrer désormais l'ouest à cette guerre civile, qui va renaître de ses cendres; Paris, à l'émeute en vain terrassée, qui se relève sous le pied qui la foule; la France, à cette vague terreur où les nations commencent à désespérer d'elles-mêmes, quand ces lois qui devaient les défendre ne servent plus qu'à les trahir?

Non, c'est aux chambres, c'est à la royauté que nous nous adresserons dans notre patriotique inquiétude, pour les conjurer d'armer la justice si elles veulent être protégées par elle. Une prompte convocation des chambres, une loi qui garantisse Paris et l'Ouest contre l'émeute et la guerre civile, une répression légale, mais énergique, mais prompte, de la trahison et de la révolte, de quelque drapeau qu'elles se parent, à quelque nom qu'elles se rallient, une loi spéciale de garantie pour ces jurés qu'on traite de brigands, et qu'on veut égorger parce qu'ils ont voté suivant leur conscience! telles sont les mesures que nous demandons aux trois pouvoirs de l'état, tenus de le sauver, sous peine de périr avec lui. Quant à l'opposition, et à vous, Monsieur, en particulier, c'est à cette infaillible épreuve que nous vous attendrons pour vous juger. L'occasion ne manquera ni à elle ni à vous pour témoigner alors de votre attachement à la légalité, mieux que par d'impuissantes protestations ou d'éloquentes plaidoiries. Si vous protestez encore cette fois, espérons que ce sera contre ceux qui violent les lois, et non contre ceux qui vous en demandent.

Imprimerie de GUIRAUDET, rue Saint-Honoré, n. 315.

www.ingramcontent.com/pod-product-compliance
Lightning Source LLC
Chambersburg PA
CBHW051730050726
47598CB00003B/1119